W0076196

Der Arena LeseStier
Sachgeschichten für Erstleser

Falk Scheithauer,
Jahrgang 1952, studierte Erziehungs- und Wirtschaftswissenschaften.
Er lebt als bildender Künstler und freiberuflicher Autor in Süddeutschland.

Stefan Hulbe
studierte an der Kunstakademie München.
Er arbeitet als Illustrator und Restaurator, Werbegrafiker
und Designer in einem alten Bauernhof in Niederbayern.

Falk Scheithauer

Das will ich wissen
Indianer

Mit Bildern von
Stefan Hulbe

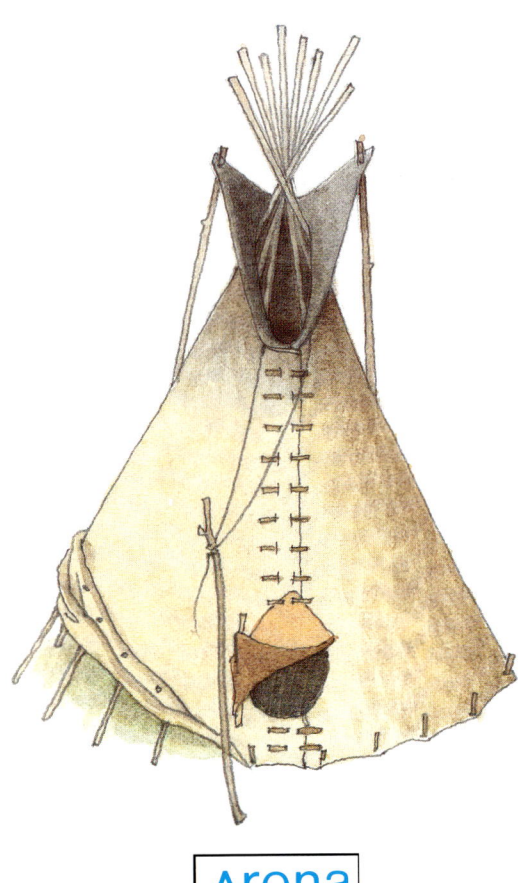

Arena

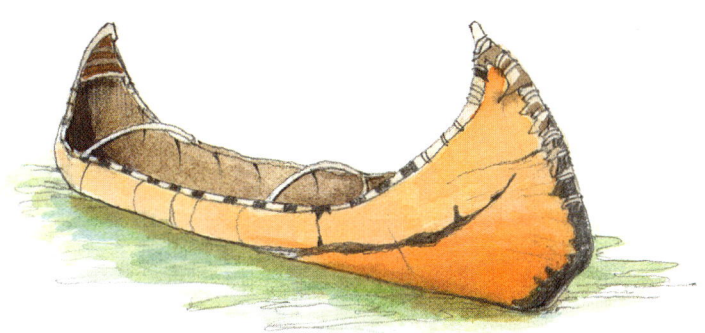

In neuer Rechtschreibung

3. Auflage 1997
© by Arena Verlag GmbH, Würzburg
Alle Rechte vorbehalten
Einband und Innenillustrationen: Stefan Hulbe
Reihengestaltung: Karl Müller-Bussdorf
Gesamtherstellung: Westermann Druck Zwickau GmbH
ISBN 3-401-04368-4

Inhalt

Die erste Jagd

Kleine Wolke hat schon lange
auf diesen Tag gewartet.
Sein Vater hat immer
zu ihm gesagt:
»Kleine Wolke, mein Sohn,
du wirst das Wild bald jagen
wie der Wind die Blätter.«

Nun ist es endlich so weit.
Kleine Wolke darf zum ersten Mal
allein auf die Jagd gehen.
Schon mit drei Jahren
hat er reiten gelernt.

Wie alle Kinder
bei den Prärie-Indianern.
Mit sechs Jahren
traf sein Pfeil ein Ahornblatt
aus 20 Meter Entfernung.
Aber allein auf die Jagd gehen,
das darf er erst jetzt, mit sieben.

Noch vor Morgengrauen
bricht Kleine Wolke auf.
Brav trägt ihn sein Pony
aus dem Zeltdorf hinaus.
Er reitet bis zum fernen Waldrand,
dorthin, wo die Hügel beginnen.

Kleine Wolke steigt vom Pferd
und macht sich zu Fuß auf die Pirsch.
Er prüft noch einmal
seine Pfeilspitzen.
Stundenlang hat er das Holz
im Feuer gehärtet.
Die Spitzen sind jetzt steinhart.

Mühsam steigt er einen Hügel hinauf.
Das Pony stakst hinter ihm her.
Als sie den Hügel erklommen haben,
blickt Kleine Wolke hinunter ins Tal.
Dort grasen drei Rehe friedlich
im Licht der aufgehenden Sonne.

»So ein Reh wäre eine feine Beute«,
denkt Kleine Wolke begeistert.
»Alle im Dorf werden staunen,
wenn ich mit einem Reh
zurückkomme.«

Kleine Wolke bindet sein Pony
an einem Baum fest.
Lautlos wie ein Puma
schleicht er durchs Unterholz.
Bald trennen ihn nur noch 50 Meter
von den Tieren.

Gerade will er seinen Bogen spannen,
da knacken und krachen
die Zweige neben ihm.
Ein lautes Schnauben
durchbricht die Stille.
Wie aus dem Boden gewachsen
steht plötzlich
ein riesiger Grizzlybär neben ihm.

Kleine Wolke ist starr vor Schreck.
Er wagt sich nicht zu bewegen.

Der Grizzlybär brummt böse.
Doch bevor der Bär
noch einen Schritt tun kann,
surrt ein Pfeil durch die Luft
und trifft den Bären mitten ins Herz.
Der Bär bricht zusammen.
Er ist auf der Stelle tot.

Kleine Wolke blickt sich verwundert um.
Hinter einer mächtigen Eiche
tritt sein Vater hervor.
Er sieht sehr erleichtert aus.
Jetzt wirft er seinen Bogen
über die Schulter
und geht mit festen Schritten
auf Kleine Wolke zu.

Er sagt:
»Kleine Wolke, mein Sohn.
Du wirst das Wild bald jagen
wie der Wind die Blätter.
Doch vergiss nie den Bären.
Denn er hat Hunger wie du.«

Beide machen sich nun daran,
den Bären ins Dorf zu schaffen.
Sie schnüren zwei Stämme
und mehrere Äste
zu einem Transportschlitten zusammen.
Darauf legen sie den Bären.
Das Pony von Kleine Wolke
schleift die Jagdbeute ins Dorf.

Dort werden sie mit lautem Jubel begrüßt.
Der Vater von Kleine Wolke ruft
den Kriegern und Frauen zu:

»Kleine Wolke, mein Sohn,
hat den Bären aufgespürt.
Da war es ein Leichtes
ihn zu erlegen.«
Am Abend gibt es im Dorf
ein großes Fest.

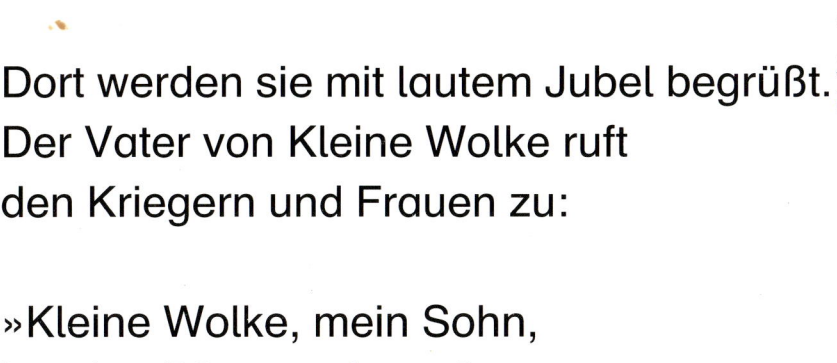

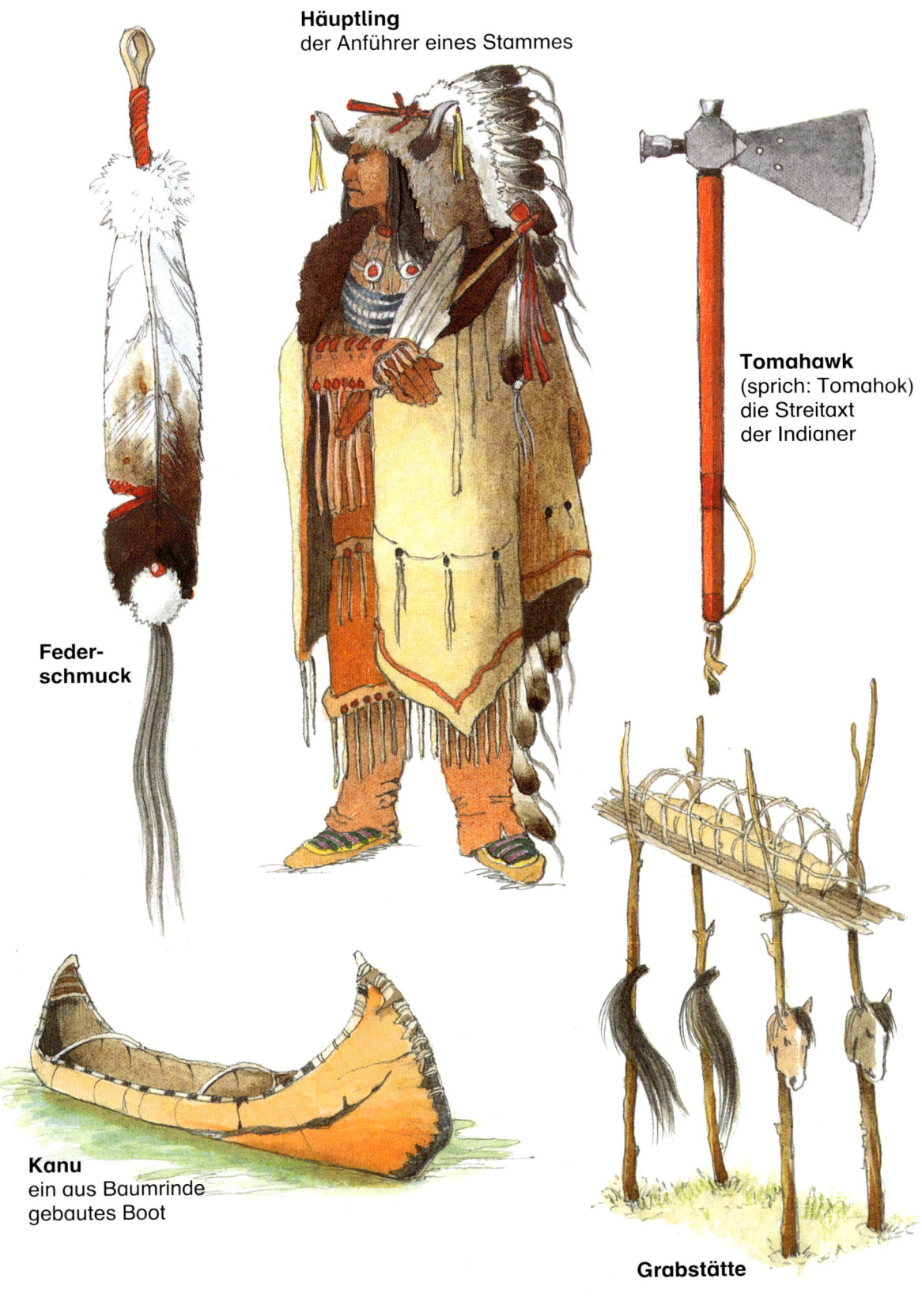

Häuptling
der Anführer eines Stammes

Tomahawk
(sprich: Tomahok)
die Streitaxt
der Indianer

**Feder-
schmuck**

Kanu
ein aus Baumrinde
gebautes Boot

Grabstätte

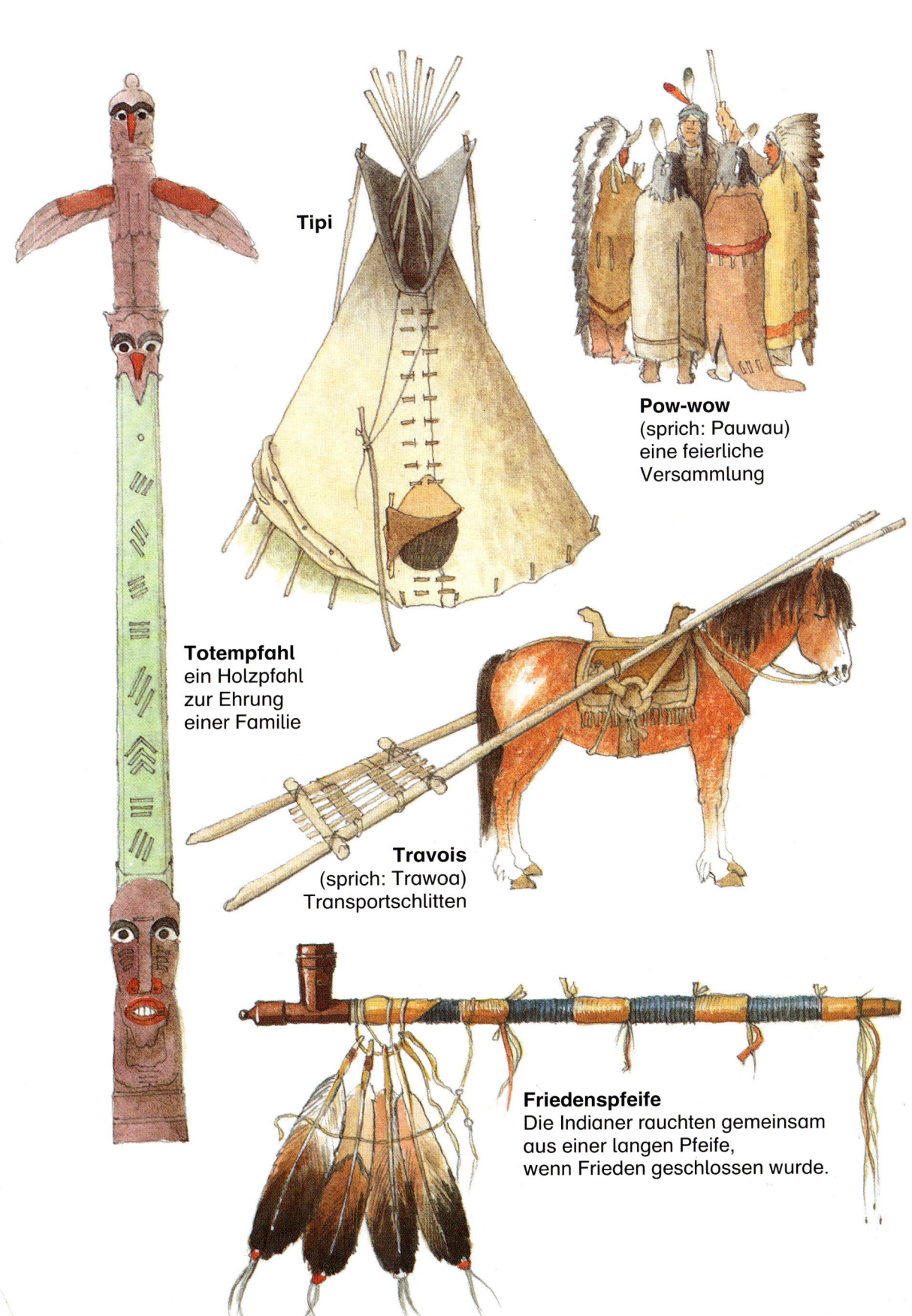

Tipi

Pow-wow
(sprich: Pauwau)
eine feierliche
Versammlung

Totempfahl
ein Holzpfahl
zur Ehrung
einer Familie

Travois
(sprich: Trawoa)
Transportschlitten

Friedenspfeife
Die Indianer rauchten gemeinsam
aus einer langen Pfeife,
wenn Frieden geschlossen wurde.

Die Geschichte der Indianer

Lange vor unserer Zeit
lebten noch keine Menschen in Amerika.
Von den anderen Erdteilen aus
konnte man Amerika nicht erreichen.
Denn Amerika ist vollständig
von Meeren umschlossen.

Doch einmal war das Meer
zwischen Amerika und Asien
zurückgewichen.
Diese Stelle heißt heute **Beringstraße.**

Auf ihr wanderten Jäger aus Asien
nach Amerika hinüber.
Die Menschen folgten den Tieren,
die sie jagten,
den Mammuts, Rentieren
und Bisons.
Mit der Zeit besiedelten
die Jäger aus Asien ganz Amerika.
Viele tausend Jahre lebten sie
auf ihrem riesigen Erdteil
ohne etwas von der übrigen Welt zu wissen.
Und ohne dass die übrige Welt
etwas von ihnen wusste.

Das änderte sich erst
vor etwa 500 Jahren.
Der Seefahrer **Christoph Kolumbus**
suchte damals einen Seeweg
von Europa nach Indien.
Nach drei Monaten auf See
war endlich Land in Sicht.
»Indien!«, dachte er
und nannte die Menschen
an Land Indianer.

Dabei war er doch in Amerika!
Seitdem werden die Ureinwohner Amerikas
Indianer genannt.

Die Ankunft der Europäer in Amerika
hatte für die Indianer schlimme Folgen.
Immer mehr Menschen aus Europa
drangen in die Heimat der Indianer ein
und raubten ihnen das Land.
Es kam zu vielen Kriegen.
Die Indianer konnten sich
am Anfang schlecht wehren,
denn sie besaßen keine Gewehre.
Und es gab viel weniger Indianer
als Eindringlinge.
Die Indianer starben auch an Krankheiten,
die die Europäer einschleppten,
an Masern, Pocken oder Cholera.

Mit der Zeit kamen Millionen
von Einwanderern nach Amerika.
Sie gründeten eigene Staaten
und töteten viele Indianer.

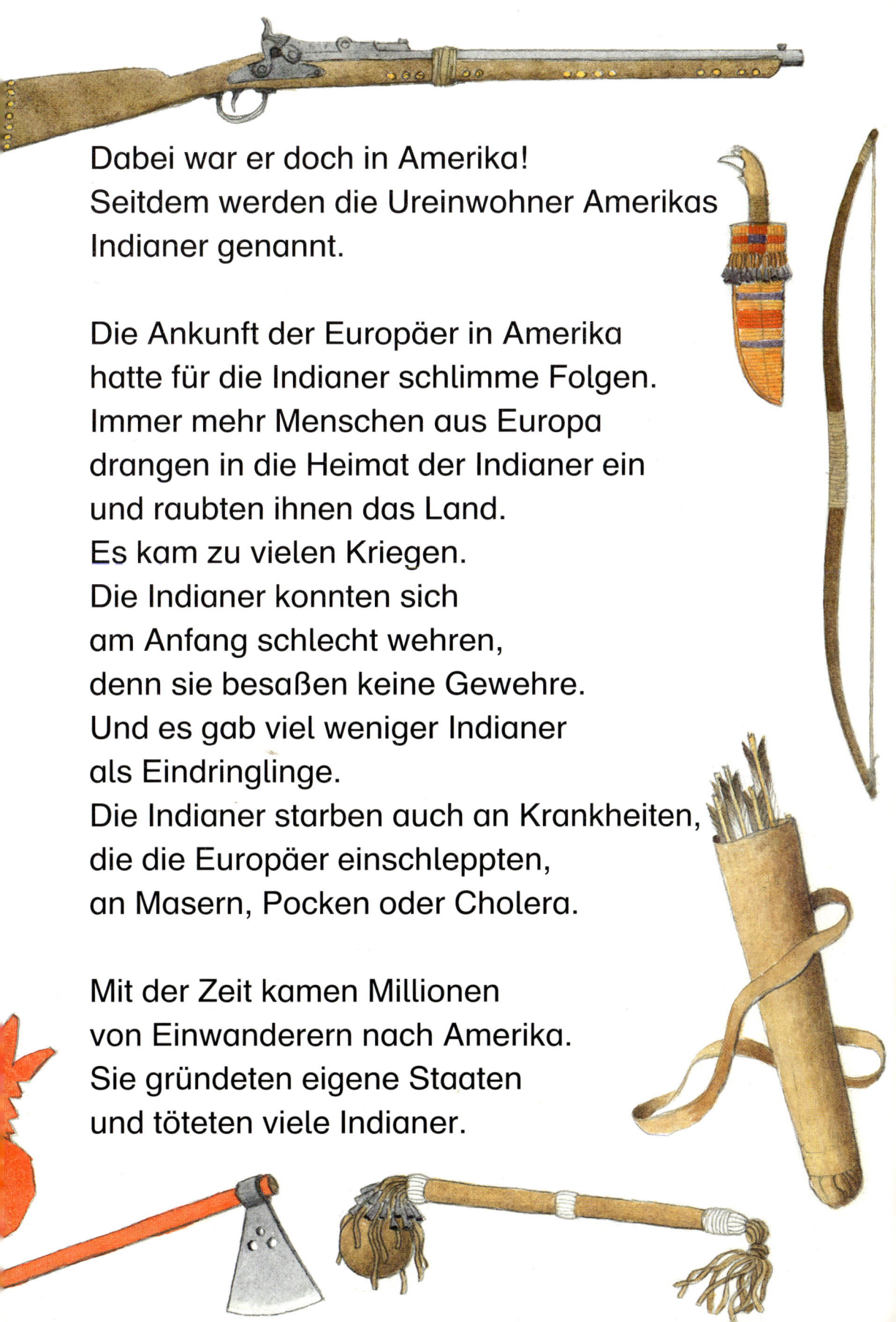

Die wenigen Indianer, die übrig blieben,
mussten sich den Gesetzen der
Einwanderer beugen.
Sie erhielten kleine,
genau abgegrenzte Gebiete.
Solche Gebiete heißen **Reservationen.**

Dort führen viele Indianer
auch heute noch
ein kümmerliches Leben.

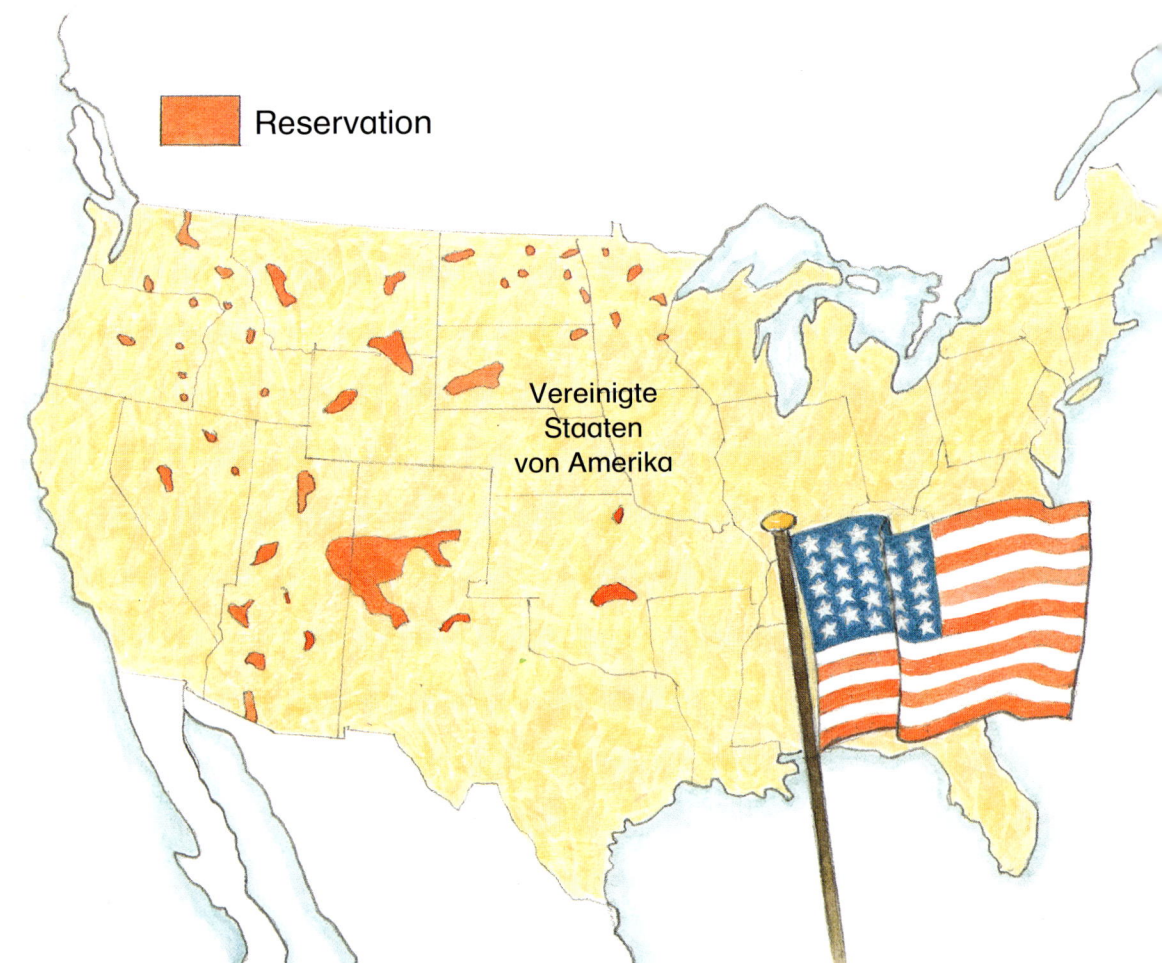

Reservation

Vereinigte
Staaten
von Amerika

Viele von ihnen sind arbeitslos,
dem Alkohol verfallen
und haben keine Hoffnung.
Sie können nicht vergessen,
was ihren Vorfahren
angetan worden ist.

Aber es gibt auch Indianer,
die für ihre Rechte kämpfen.
Immer mehr Indianer besinnen sich heute
auf die Lebensweise ihrer Vorfahren.

Ein Häuptling
fordert seit Jahren
den Federschmuck
seiner Vorfahren
von einem
Museum zurück.

Die verschiedenen Völker

In Nordamerika gab es früher
viele verschiedene Indianervölker.
Jedes Volk bestand
aus mehreren Indianerstämmen.
In den Wäldern des Ostens
lebten die **Waldlandindianer**.

Die bekanntesten Waldlandindianer
waren die Irokesen.
Man erkannte sie an ihrer Haartracht.
Sie rasierten sich den ganzen Kopf
bis auf eine lange Locke.
Die Irokesen rodeten den Wald
und legten Äcker an.

Darauf pflanzten sie Bohnen, Mais,
Kürbisse und Tabak.
Sie nannten sich selbst
»das Volk des langen Hauses«.
Denn ihre Holzhäuser waren so lang,
dass immer mehrere Familien darin
zusammenlebten.

Im trockenen Südwesten von Nordamerika
lebten die **Pueblo-Indianer.**
Pueblo ist ein spanisches Wort
und bedeutet Dorf.
Diese Indianer bewohnten
große, aus Lehm gefertigte Häuser,
die manchmal
vier oder fünf Stockwerke
hoch waren.

Die Pueblo-Indianer waren
gute Töpfer und Tuchweber.

In den Wüstengebieten
lebte auch das Volk
der **Apachen** (sprich: Apatschen).
Sie konnten kilometerweit laufen
ohne zu schlucken.
Dabei hatten sie den Mund voll Wasser.
Das war ihre Trinkreserve.
Wenn die Apachen auf der Flucht waren.
vergruben sie sich manchmal
im Wüstensand.

So konnte sie niemand entdecken.
Durch ein Röhrchen holten sie dann Luft.

In der Mitte Nordamerikas erstrecken sich
weite, grasbewachsene Ebenen,
die **Prärien.**
Hier lebten die **Prärie-Indianer.**
Zu ihnen gehören auch
Kleine Wolke und sein Stamm.

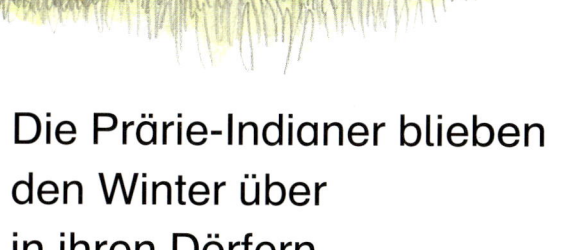

Die Prärie-Indianer blieben
den Winter über
in ihren Dörfern.
Sie wohnten in **Wigwams.**
Das waren Hütten aus Ästen und Zweigen.
Darüber wurden Gras und Erde gebreitet.

Im Sommer zogen die Prärie-Indianer
den Bisonherden hinterher.
Dann wohnten sie in hohen Zelten,
den **Tipis.**
Die Tipis bestanden aus Stangen,
über die zusammengenähte Bisonhäute
gespannt wurden.
Die Tipis konnten in kurzer Zeit
aufgebaut und wieder abgebaut werden.

Die Jagd

Die Jagd spielte
bei vielen Indianervölkern
eine wichtige Rolle.
An den Küsten Nordamerikas
lebten viele Stämme vom Fischfang.
Sie fingen Lachse, Heringe
und sogar Wale, die damals
noch sehr zahlreich waren.

Die Waldlandindianer
jagten die Tiere in den Wäldern.
Aber sie ernährten sich
auch vom Ackerbau.

Das Leben der Prärie-Indianer
war auf die Jagd ausgerichtet.
Sie lebten von den Bisons,
wilden Rindern, die in
riesigen Herden umherzogen.
Für die Prärie-Indianer
bedeuteten die Bisons alles.

Im Sommer aßen sie gebratenes,
im Winter getrocknetes
Bisonfleisch.

Aus der Haut der Bisons nähten sie
Zeltwände und Kleider.
Auch ihre Schuhe, die Mokassins,
waren aus Bisonleder.

32

Aus den Bisonmägen
machten sie Wassergefäße.
Die Sehnen verwendeten sie
für Bogensaiten und
als Nähfäden.

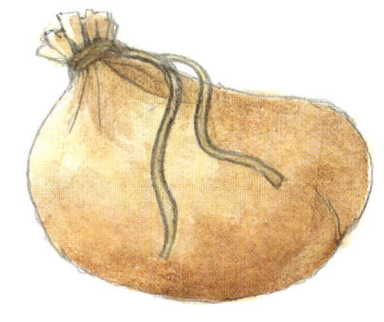

Aus den Knochen fertigten sie Messer,
Pfeilspitzen, Schaber und Löffel an.
Und der Dung der Bisons
wurde zum Heizen genutzt.
Die Indianer kannten auch Seife und Leim.
Die Seife gewannen sie aus Bisonfett,
den Leim durch Auskochen der Hufe.

33

Als die Prärie-Indianer
noch keine Pferde hatten,
war die Bisonjagd
sehr beschwerlich.
Die Indianer zogen den Herden
entweder zu Fuß
oder mit Hundeschlitten hinterher.
Hatten sich einige Bisons
von der Herde entfernt,
so schlichen sich die Jäger an.

Zur Tarnung stülpten sie sich Tierfelle über.
Oder sie trugen Bäumchen vor sich her,
hinter denen sie sich versteckten.

Immer näher kamen sie an die Bisons heran.
Schließlich zielten sie mit Pfeil und Bogen
oder warfen ihre Speere.

Seit die Prärie-Indianer Pferde hatten,
war die Jagd viel einfacher.
Die Pferde waren mit den Europäern
nach Nordamerika gekommen.
Viele Pferde entliefen ihnen
und lebten danach als Wildpferde.

Die Indianer fingen diese Pferde ein
und wurden schon bald
ausgezeichnete Reiter.

Als die Weißen die große Eisenbahn
durch das Indianerland bauten,
verschwanden die Bisons.
Die Bahnarbeiter gingen auf Bisonjagd,
weil sie das Fleisch brauchten.
Große Fabriken verarbeiteten Bisonfett
zu Seife und machten aus den Fellen
Kutschendecken.

Es dauerte nur wenige Jahre,
bis fast alle Bisons getötet waren.
Die Indianer hatten nun
keine Nahrung mehr..
Sie konnten auch keine neuen
Kleider und Zelte anfertigen.
Als strenge Winter kamen,
mussten Tausende von ihnen
verhungern und erfrieren.

Wie die Kinder der Indianer lebten

Als Kleine Wolke auf die Welt kam,
war der Himmel strahlend blau.
Mitten in dem Blau
trieb eine einzige, weiße Wolke.

»Euer Sohn soll Kleine Wolke heißen«,
sagte deshalb der Onkel
des kleinen Jungen.

Ein neugeborenes Kind
erhielt seinen Namen
vom Medizinmann
oder von einem Verwandten
des Vaters.
Der Name wurde oft
nach einem besonderen Ereignis
am Geburtstag gewählt.
Oder nach einem Tier,
das dem Medizinmann im Traum
erschienen war.
Oder nach dem Aussehen des Babys.

Die Mütter hatten ihre kleinen Kinder
immer bei sich.
Sie trugen sie in Babytragen
auf dem Rücken.
Wenn die Mütter beschäftigt waren,
hängten sie die Tragen irgendwo ein,
mal an einen Baum,
mal an eine Stange im Tipi.
Manchmal sogar an den Pferdesattel.

Die Indianer behandelten ihre Kinder
wie kleine Erwachsene.
Sie redeten mit ihnen
nicht in der Babysprache.

Sie schrien sie nicht an
und schlugen sie nicht.
Die Kinder lernten alles,
indem sie es den Erwachsenen
nachmachten.

Die Mädchen spielten mit kleinen Tipis
und mit Puppen aus Hirschleder.
Schon früh halfen sie ihren Müttern
im Haushalt und auf dem Feld.

Die Jungen spielten meist
»auf die Jagd gehen«.
Die Väter brachten ihnen
den Umgang mit Pfeil
und Bogen bei.

Puppe

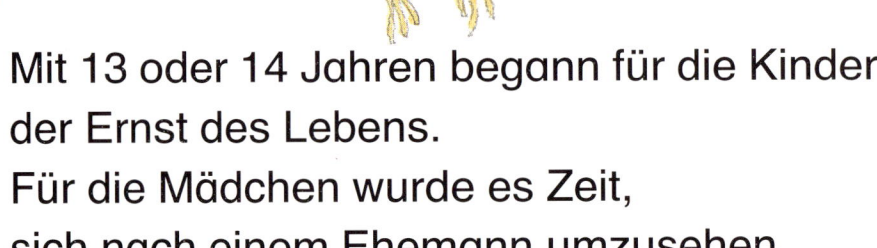

Mit 13 oder 14 Jahren begann für die Kinder
der Ernst des Lebens.
Für die Mädchen wurde es Zeit,
sich nach einem Ehemann umzusehen.
Die Knaben mussten Mutproben bestehen.
Manchmal verbrachten sie
einige Tage und Nächte
allein in der Wildnis.
Wenn sie die Mutproben
bestanden hatten,
wurden sie Krieger und
bekamen einen Kriegernamen.

Dieser Junge sitzt stundenlang
in einem Ameisenhaufen
ohne sich zu bewegen.

Adlerfedern galten
bei den Indianern
als Auszeichnung.

Häuptling Stinkende Satteldecke
war kein Schmutzfink,
wie man vom Namen her vermuten könnte.
Er war ein tapferer Krieger,
der immer auf Feldzügen unterwegs war.
So hatte er selten Gelegenheit,
seine Satteldecke zu waschen.
Sein Name bedeutete
eine große Auszeichnung.

Unsere Mutter ist die Erde

Kleine Wolke lauschte gerne
den Worten seines Großvaters.
Der Großvater erzählte von **Manitu.**

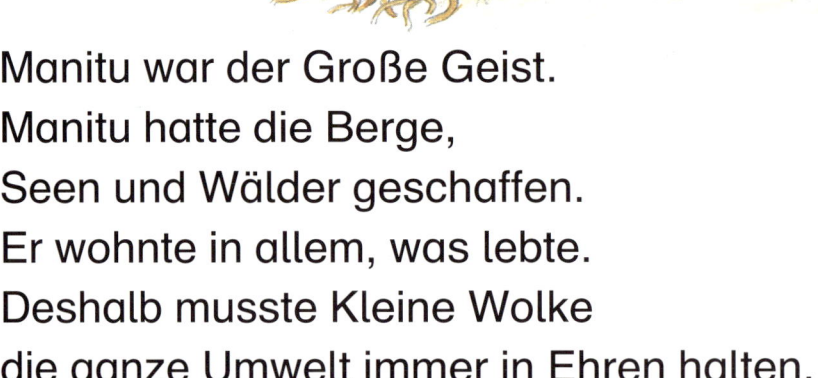

Manitu war der Große Geist.
Manitu hatte die Berge,
Seen und Wälder geschaffen.
Er wohnte in allem, was lebte.
Deshalb musste Kleine Wolke
die ganze Umwelt immer in Ehren halten.

42

Pflanzen und Tiere waren
für die Indianer
wie Brüder und Schwestern.
Deshalb fügten sie ihnen
keinen Schaden zu.

Wer ein Tier tötete,
verwertete es mit Haut und Haaren.
Wer Beeren und Kräuter sammelte,
pflückte nur so viele,
wie nötig waren
um den Hunger zu stillen.

Die Indianer baten Manitu
und die Geister der Wolke
und der Sonne
um Regen und Wärme
für eine gute Ernte.
Deswegen brachten sie
ihnen Opfer dar,
zum Beispiel ein wenig
von dem kostbaren Maismehl.

Die Indianer glaubten,
dass die Erde
die Mutter aller Dinge sei.
Deshalb konnte niemand
die Erde kaufen und besitzen.
Das Land gehörte allen,
genauso wie das Wasser,
die Wolken und die Luft.

Wenn ein Indianer krank wurde,
besuchte ihn der Medizinmann.
Der Medizinmann war Arzt
und gleichzeitig Priester.
Er war sehr weise.
Der Medizinmann befragte den Kranken.
Er braute ihm eine Medizin
aus Kräutern und Wurzeln.

Tollkirsche

44

Dann tanzte und sang
der Medizinmann
um die Krankheit
zu vertreiben.
Die Medizinmänner waren gute Ärzte.
Sie heilten viele Patienten.

Mit den Händen reden

Es gab etwa 250 völlig verschiedene
Indianersprachen.
Deshalb erfanden die Indianer
zusätzlich eine Zeichensprache,
die alle kannten.

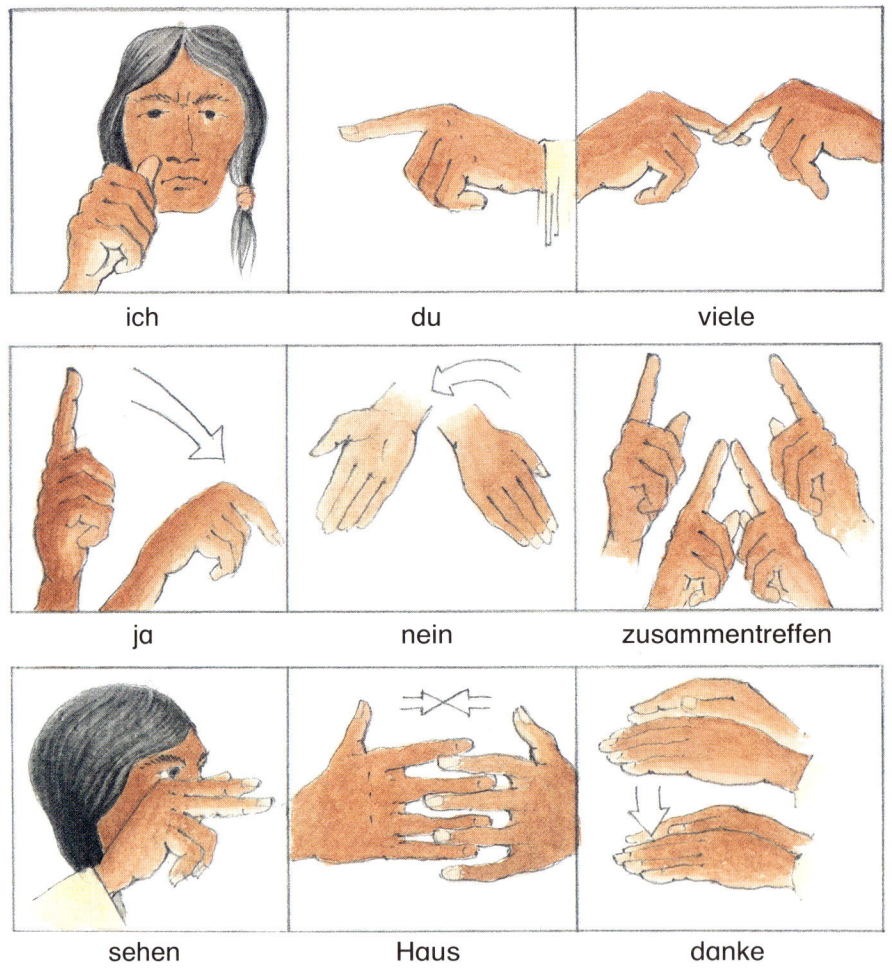

ich	du	viele
ja	nein	zusammentreffen
sehen	Haus	danke

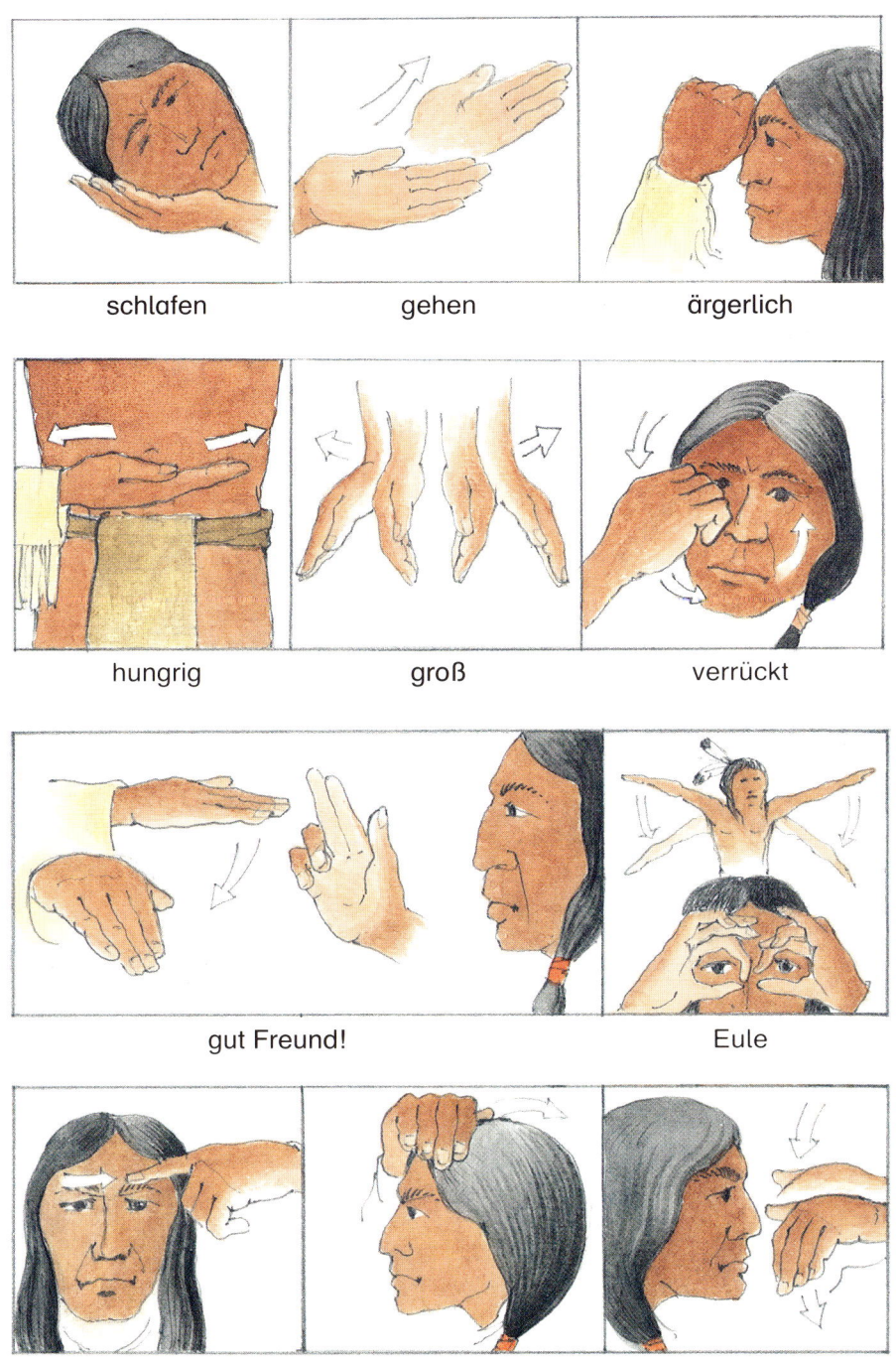

schlafen gehen ärgerlich

hungrig groß verrückt

gut Freund! Eule

weißer Mann Frau essen

47

Aus den Zeichen könnt ihr Sätze
in Original-Indianer-Zeichensprache
bilden.
Hier zwei Beispiele:

Ich sehe (eine) Eule.

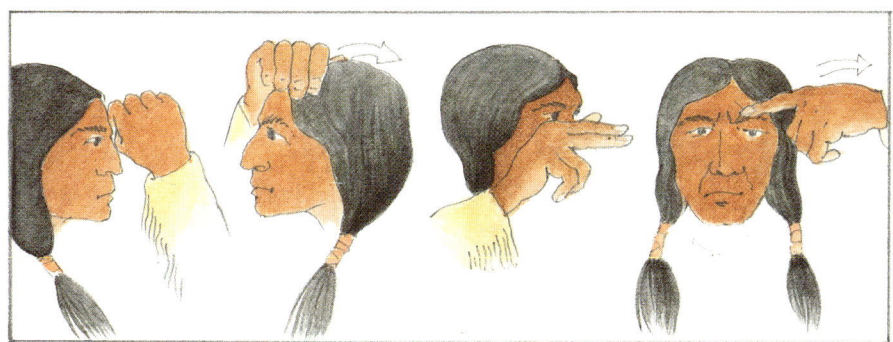

Ärgerliche Frau sieht weißen Mann.

Ihr könnt auch neue Zeichen dazu erfinden.
Dann habt ihr eine eigene Geheimsprache!